PANÉGYRIQUE

DE

SAINT VINCENT-DE-PAULE,

DÉDIÉ

À SON ALTESSE ROYALE MADAME,

DUCHESSE D'ANGOULÊME;

Prononcé à Lyon, dans l'Église Primatiale; à Marseille, dans l'Église de S.t Vincent-de-Paule; à Paris, dans l'Église de S.t Thomas-d'Aquin, en présence de S. A. R. Madame, Duchesse d'Angoulême; à Montpellier, dans l'Église de l'Hôpital-Général;

Par M. l'Abbé BONNEVIE,

Chanoine de l'Église Primatiale de Lyon.

SUIVI D'UN

DISCOURS

POUR LA BÉNÉDICTION D'UNE CLOCHE.

À MONTPELLIER,

1818.

A

SON ALTESSE ROYALE

MADAME,

DUCHESSE D'ANGOULÊME.

Madame,

Votre Altesse Royale, en me permettant
de lui dédier le Panégyrique de Saint

Vincent-de-Paule, ajoute, s'il est possible, à la gloire du meilleur Prêtre qui ait honoré le Christianisme et du meilleur Citoyen qui ait honoré la France. Et à qui l'hommage de l'éloge du Héros de la charité convenait-il mieux qu'à l'Héroïne du malheur? Le Père des Orphelins ne rappelle-t-il pas l'Orpheline Auguste qui a rempli le Monde de sa constance? Vincent-de-Paule était le refuge de ceux qui souffrent; vous en êtes le modèle. Il était l'honneur de la Religion par les miracles de son zèle; vous en êtes l'ornement par vos angéliques vertus. Il semait les bienfaits sur ses traces; votre grand cœur voudrait égaler ses aumônes aux tribulations qu'il a souffertes. Il a laissé au Monde les plus beaux exemples et les plus hautes leçons; votre vie *n'est-elle pas pour tous les Français et pour tous les Chrétiens une leçon et un exemple ?*

Je suis avec respect ,

MADAME ,

De Votre Altesse Royale ,

Le très-humble et très-obéissant serviteur ,
L'Abbé BONNEVIE.

PANÉGYRIQUE

DE

SAINT VINCENT-DE-PAULE.

Erit vas in honorem sanctificatum et utile Domino, ad omne opus bonum paratum.

Il sera un vase d'honneur et de Sainteté, de zèle pour la gloire de Dieu et pour toutes les œuvres utiles.

2.e Ep. à Timoth., c. 2, v. 21.

L'Apôtre des nations se peint-il ici lui-même ? ou a-t-il voulu consacrer d'avance le tableau d'un second Apôtre, qui, comme lui, honorerait sa vie et son ministère par les actions de la plus haute Sainteté, de la charité la plus tendre et du zèle le plus éclairé ? Dix-septième siècle, c'est toi qui montres ce vase précieux à notre admiration et à nos hommages ! les plus beaux exemples à côté des plus belles leçons, la morale du Ciel

prêchée à toute la Terre, les secours de l'ins-
truction assurés à l'ignorance, les asiles de
la Miséricorde ouverts à l'infortune : ô Vincent-de-Paule, voilà le noble cortége qui
environne votre mémoire! Mes Frères, voilà
le nouvel Apôtre dont j'ose entreprendre
l'éloge. *Erit vas in honorem sanctificatum et
utile Domino, ad omne opus bonum paratum.*

Mais comment louer, d'une manière digne
de lui, un homme que les Ministres, les
Évêques, les Magistrats, les Princes eux-
mêmes appelaient le Saint par excellence ;
qui était le modèle des Pasteurs, le père des
indigens, le restaurateur des mœurs, le
conseiller du Trône, l'âme de tout ce qui s'est
fait de grand et de beau pendant sa longue
carrière ; qui, de Paris, mettait en mouvement la France, l'Angleterre, l'Italie, la Polo-
gne ; qui sanctifiait à la fois l'esclave d'Alger et
l'insulaire de Madagascar ; qui a distribué lui
seul plus d'aumônes en vingt ans, que tous les
Souverains ensemble dans l'espace d'un siècle ;
qui a laissé à son pays une foule d'établissemens utiles, que la magnificence des Rois
n'a point égalés ; à qui le meilleur et le plus
infortuné des Monarques avait érigé une statue
dans son palais, pour acquitter envers lui
la dette de son cœur et de la reconnaissance

publique ? *Erit vas in honorem sanctificatum et utile Domino, ad omne opus bonum paratum.*

Mais comment louer, d'une manière digne de lui , un homme dont la gloire servit à toutes les opinions, et le culte à toutes les censures ; à qui l'orgueilleuse philosophie de nos jours a pardonné sa Sainteté , parce qu'il a su l'attacher à l'étonnante grandeur de ses œuvres ; Prêtre le mieux inspiré par l'amour du bien , soutenant la Religion par sa charité , et sa charité par la Religion ; ne devant qu'à sa piété l'éclat de ses vertus, qu'à ses vertus l'éclat de son crédit ; dont le zèle , enfin, n'a eu de bornes, que parce que l'Univers a les siennes ? *Erit vas in honorem sanc-tificatum et utile Domino , ad omne opus bonum paratum.*

Mais comment louer, d'une manière digne de lui, un homme dont la tendresse pour le premier âge ne le cédait qu'à la tendresse de Jésus-Christ lui-même ; qui se faisait petit pour mieux servir l'enfance ; l'enfance , ce ruisseau voisin de la source , dont il est si nécessaire de diriger le cours ; l'enfance, à laquelle tout manquerait sans la Religion et la piété ; l'enfance, dont le véritable appui est dans la Foi, la véritable science dans le Catéchisme, le véritable bonheur dans l'amour de ses devoirs; l'enfance, que Vincent-de-Paule désirait, comme vous, rendre heureuse par la sagesse, en l'adoptant, comme vous, par la charité. *Erit vas in honorem sanctifica-tum et utile Domino, ad omne opus bonum paratum.*

O vous, son illustre Disciple! Non, il ne manque aux triomphes de votre éloquence que d'avoir célébré le héros de la charité; et, si la richesse du sujet avait effrayé votre génie, quelle est donc la témérité de notre faiblesse? Mes Frères, je m'aiderai de la Providence; je considérerai d'abord Vincent-de-Paule entre les mains de cette Providence Divine qui le forme, le dispose, l'accommode à ses desseins; je le considérerai ensuite dans sa fidélité aux desseins de cette même Providence, marchant dans ses voies, répandant, comme elle, la lumière et les bienfaits; en deux mots, Vincent-de-Paule, ouvrage et instrument de la Providence : c'est le sujet et le plan de ce Discours, après que nous aurons demandé à Marie, avec les lumières de l'esprit Saint, les grâces dont j'ai besoin pour exalter son serviteur chéri. *Ave Maria.*

PREMIÈRE PARTIE.

Ce n'est point dans une condition relevée qu'il faut aller chercher l'origine de Vincent-de-Paule ; c'est dans un village obscur que naquit le Saint dont nous honorons la mémoire. Son père était un pauvre et simple laboureur, en qui ne brillait que l'innocence et l'antique ingénuité des mœurs patriarcales; de six enfans qu'il avait eus d'une épouse digne de lui, Vincent était le troisième; il l'occupa à garder les troupeaux: mais il ne tarda pas à découvrir en son fils le germe de cette bonté compatissante, la plus douce image de la Providence, qui déjà empruntait ses traits: un jour, car il aimait à épier ses actions, qui toutes portaient la marque du plus heureux naturel, il l'aperçut partageant son repas frugal avec un mendiant inconnu, et lui glissant à la dérobée tout ce qu'il possédait; c'étaient quelques pièces de monnaie, fruits de ses longues épargnes. Il n'en faut pas davantage, la vocation de cet enfant est décidée. *Il a le cœur tendre, les inclinations charitables*, dit le père ému à sa femme; *faisons de lui un Prêtre; il sera un bon Pasteur des âmes.*

On l'envoie aux écoles de Toulouse ; il est
bientôt l'admiration et l'exemple de ses cama-
rades ; on élève au Sacerdoce la piété unie à la
science, et la plus riche Cure du Diocèse lui est
offerte par son Évêque. Mais instruit qu'il a un
concurrent, malgré l'évidence du droit, il re-
fuse le bénéfice, plutôt que de l'obtenir par un
procès. Cependant sa famille, à laquelle il vient
d'échoir un modique héritage en Provence,
le choisit pour aller en recueillir les fruits ; il
s'embarque : la Providence, qui règle tout et
dont les vents sont les messagers, l'attendait
au passage ; elle permet que des pirates ren-
contrent son frêle bâtiment, qu'ils l'attaquent,
s'en emparent et le conduisent sur les côtes
d'Afrique. Voilà le voyageur de la Providence,
blessé d'une flèche, dans une terre inhos-
pitalière ; le voilà jeté dans les fers, vendu à
un maître inhumain, qui le soumet aux plus
rudes travaux, sans ressource, sans espoir,
plus affligé encore de la douleur qu'il cause à
sa famille que des maux qu'il souffre ; le voilà
forcé d'obéir à un renégat, dont la bouche
ne profère que les blasphèmes de l'impiété
ou les refrains du libertinage ; mais que ne
peut la vertu patiente et courageuse ?

La douceur, la fidélité utile, l'inaltérable
résignation de Vincent, je ne sais quel charme

impérieux et céleste amollissent tout à coup
la dureté de cette âme féroce, qui commence
à s'étonner de ce qu'elle voit et de ce qu'elle
entend! Le maître est aux genoux de l'esclave,
il est Chrétien..... O Vincent, c'est la première
conquête de votre ministère! mais de combien d'autres conquêtes n'est-elle pas le gage?
Il faut partir, le plus cruel supplice les attend l'un et l'autre, si on découvre cette
conversion inespérée ; l'un et l'autre cher-
chent leur salut dans un esquif, sans bous-
sole, sans provisions, sans pilote ; et, chose
admirable! chose véritablement miraculeuse!
en moins de deux jours, les deux amis arri-
vent à Marseille. O Providence! votre souffle
dirigeait sans doute la barque qui portait la
gloire de la Religion et la fortune de la France;
vous enfliez sa voile ; la Mer respectueuse
obéissait à vos ordres souverains; et le Ciel,
attentif au bonheur de la Terre, veillait sur
celui qui devait l'opérer.

L'heureux transfuge se rend à Avignon.
Pendant sa longue captivité à Tunis, il a vu
de près tous les maux qui assiégent cette multitude d'esclaves gémissans dans les fers ; il
a vu sur-tout les besoins de leur âme, le dan-
ger imminent où ils se trouvent chaque jour
d'abjurer leur Foi pour alléger leurs chaînes.

Il plaide la cause de tous ces misérables au
tribunal du représentant du Père commun
des Chrétiens : le Vice-Légat Montorio l'écoute
avec un vif intérêt, remarque en lui un zèle
sage, un talent judicieux, le don d'émouvoir
et de convaincre. Vincent, qu'il a deviné, est
à Rome, où il traite de sa part une affaire
aussi importante que délicate, et où il achève,
avec le succès le plus désirable, l'honorable
mission dont il est chargé. L'estime du Sacré
Collége le révèle au Cardinal d'Ossat : d'esclave, il devient le confident du plus habile
appréciateur du solide mérite, et de berger,
négociateur auprès de Henri IV. Henri IV
et Vincent, tous deux élevés à l'école du
malheur ! Simple et vrai dans le palais des
Rois, comme sous le chaume, Vincent justifie
la haute confiance dont il est revêtu ; et l'œil
de Henri a démêlé son esprit et son cœur.
Il touchait, sans le savoir , au moment de
recevoir de la Cour un témoignage éclatant
de sa bienveillance ; on lui ménageait une
des Prélatures les plus enviées du Royaume,
lorsque le plus horrible parricide plonge
toute la France dans le deuil, et rend nos
pères orphelins. Vincent ne s'afflige que de
l'affliction commune, sans le moindre retour
sur lui-même , sans le moindre regret des

faveurs que lui promettaient la justice éclai-
rée et la générosité aimable de ce Prince,
dont le nom est le plus bel éloge.

Échappé au péril des grands emplois et
des richesses, l'écueil le plus ordinaire et le
plus séduisant de la vertu, il va élever entre
la tentation de la cupidité et lui un mur im-
pénétrable, en se dérobant aux empressemens
et aux regards qui commencent à menacer
sa modestie. Mais où fuira-t-il ? Son goût du
premier âge ne lui laisse que l'embarras du
choix dans une ville immense, où l'excès
même de l'agitation et du mouvement ajoute
à l'humiliant abandon qui accable le pauvre,
et l'oblige à s'enfoncer plus profondément
encore et avec moins d'espérance dans le
sentiment de son infortune; où fuira Vincent-
de-Paule? C'est aux Autels de la Miséricorde,
qu'il tiendra toujours embrassés; c'est dans
un hôpital qu'il va ensevelir son nom. Ainsi,
sous les yeux de la Providence, il faisait
l'apprentissage de ses destinées, et les lits
de la douleur étaient comme les premières
colonnes des édifices immortels dont il devait
être l'architecte ; ainsi la Providence, cette
sage ordonnatrice des choses, et cette divine
institutrice des hommes, lui dictait à son
insçu, dans le spectacle de toutes les misères

entassées, les éloquentes leçons qui devaient rendre son ouvrage encore plus digne d'elle.

La même Providence de Dieu lui donne pour témoin et pour juge, dans son zèle, un homme que j'appellerais le premier Ecclésiastique de son temps, si Vincent-de-Paule n'avait été son contemporain. Le Cardinal de Bérulle visite l'hôpital que notre Saint, en silence, avait rendu au bonheur de la résignation Chrétienne, examine tout en détail, interroge les malades avec le pieux désir d'écouter toutes les plaintes et d'appaiser tous les murmures. Aussitôt, par un mouvement spontané, de toutes les couches de la souffrance monte un cri de bénédictions, un concert de louanges dont Vincent est l'objet : ils ne veulent rien pour eux ; ils recommandent à Bérulle, le bon Prêtre, qui, nuit et jour, partage et adoucit leurs maux. Toutes les infirmités sont suspendues, la reconnaissance est dans tous les yeux ; le rayon de la joie étincelle sur tous les visages. A cette scène attendrissante, Vincent-de-Paule disparaît ; le Cardinal l'appelle..... On le cherche, on le trouve enfin : on le conduit, ou plutôt on le traîne à ses pieds ; il s'excuse : on dirait qu'il est coupable et qu'il a besoin de grâce. Le Cardinal s'entretient long-temps avec lui et le quitte aussi enchanté de son esprit qu'édifié de sa vertu. Deux jours après, on le nomme Aumônier de la Reine Marguerite et à l'Abbaye de Chaumes, qu'on le force d'accepter. Quoi! il n'est donc plus d'asile pour son humble désintéressement! Il n'aspire qu'à être oublié avec les pauvres, et la Providence vient encore le troubler dans l'obscurité d'un hôpital! Vincent-de-Paule à la Cour! Il y paraîtra, mes Frères, pour y être l'homme de l'éternité, pour dire la vérité à des hommes qui l'ignorent ou qui la fuyent : toujours au Ciel par besoin, il sera à la Cour par devoir.

Mais l'heure de la Providence n'a pas encore sonné : il renonce à ses places, peu de temps après les avoir reçues, luttant sans cesse contre la faveur qui le poursuit sans cesse. Il apprend qu'il existe dans la Province de Dombes, Diocèse de Lyon, une Paroisse si délaissée, qu'aucun Prêtre n'a pu s'y établir pour y exercer le Saint Ministère : l'obtenir est toute son ambition. Et c'est la première Église des Gaules qui envoie le premier Apôtre de son siècle sur le premier théâtre de ses vertus pastorales. Il accepte la Cure de Châtillon, avec autant de joie qu'il en a ressenti à se dépouiller de son Abbaye et de son Aumônerie, sans craindre cette fois

2.

qu'un compétiteur avide vienne lui disputer
cette portion de l'héritage sacré. Que j'aime
à le suivre dans cette vigne en friche au
milieu de ce troupeau affligé par tous les
vices et par toutes les infortunes ! Que j'aime
à me le représenter prodiguant les secours de
la morale et les instructions de l'exemple,
catéchisant l'enfance, donnant du pain à la
vieillesse, se levant la nuit pour aller rafraî-
chir de ses larmes l'artisan consolé de mourir
dans ses bras ! Selon Vincent-de-Paule, *la
première prérogative du Pasteur est d'être le
serviteur de tous*; il disait que *le cœur d'un
Pasteur, comme celui d'une mère, ne se rem-
place point.*

Cet héroïsme jusqu'alors sans modèle, la
Providence, qui commence à soulever un
coin du voile, en répand les merveilles dans
la Capitale, étonnée de ce bienfaiteur des
campagnes, dont la charité était d'un genre
si nouveau. On n'y parle que des victoires
de Vincent-de-Paule, sur la corruption, la
famine et l'hérésie ; l'hérésie qui avait une
armée nombreuse dans le voisinage. Toutes
les bouches célébrent à l'envi le bonheur
des femmes vertueuses qu'il a agrégées à la
partie la plus intéressante de son ministère;
des infatigables coopératrices dont il éclaire

la sensibilité en l'excitant. O Providence qui arrangiez l'avenir ! c'était le berceau d'une institution dont la perte serait un attentat contre l'humanité ; c'était la semence des riches moissons de charité dont la France cueille encore les fruits ; c'était la première levée du noble impôt que l'opulence paie au malheur dans ce vaste Diocèse ; c'était pour Vincent-de-Paule, dans les intentions de la Providence qui perfectionne son ouvrage, un acheminement aux grandes choses qu'elle lui réserve.

Voyez comme elle se joue dans l'accomplissement de ses projets sur lui : on l'arrache à son troupeau chéri : quel brisement d'entrailles ! Que de larmes amères ! Quels adieux ! Il revient à Paris, déterminé par le vœu de Bérulle, qui est un ordre pour lui ; les palais remplacent les cabanes ; le voilà tout entier à l'éducation du jeune de Gondy, fils du célèbre Maréchal de ce nom, Général des galères.....; Général des galères, je répète ce mot : la Providence a ses desseins. Son élève profitera bien tard des leçons d'un maître si habile ; mais la Providence lui destine le siége de la Capitale ; et, comme Archevêque, il concourra un jour à la gloire et à la stabilité des établissemens que médite

déjà la charité de Vincent-de-Paule. Dirai-je
tous les égards délicats, toutes les attentions
respectueuses dont il était environné dans cette
famille illustre? Dirai-je que toujours poussé
par un attrait irrésistible vers le malheureux,
il leur consacrait tous les instans que le devoir
n'employait pas auprès de son élève ; qu'il
visitait la chaumière du pauvre ; que dans les
domaines de ses nobles protecteurs, qui admi-
raient le noble usage de ses loisirs, il accom-
pagnait le laboureur à son travail, arrosait
de ses sueurs les pénibles sillons qu'il était
condamné à tracer, et lui montrait le Ciel
pour le dédommager de la Terre? La renommée le fatigue encore de sa trompette ; il
s'évade, il est à Marseille : la Providence n'est
point lente dans ses opérations.

Déjà, et c'est ici, mes Frères, sa plus singu-
lière et sa plus instructive école ; déjà il est
descendu à ces prisons flottantes où l'on n'entend que les imprécations du désespoir et
où on oublie les rivages de l'éternité ; déjà
il est assis sur la paille des forçats, écoutant,
avec une tendresse maternelle, le récit de leurs
fautes, le récit encore plus long de leurs
peines. Est-ce un homme ou un Ange qui a
pénétré dans leurs cachots infects, les mains
pleines d'aumônes et les lèvres chargées de

paroles consolatrices ? Quel Ambassadeur d'un
Roi inconnu grave sur des fers la promesse
d'un bonheur plus inconnu encore et ensei-
gne au crime le nom de la vertu ? Éperdus,
muets, immobiles, ils regardent Vincent,
dévorent tout ce qu'il dit et tout ce qu'il
fait : le silence de l'étonnement est leur premier hommage. Bientôt elle ne sera plus
qu'une famille Chrétienne, cette horde épou-
vantable d'impiété et de débauche: déjà ils
entonnent les Cantiques de la Religion; déjà
la Prière abrège les longues heures du jour
et les heures plus longues encore de la nuit.
Depuis que leurs larmes se mêlent au sang
de la victime que Vincent-de-Paule immole
pour eux, elles coulent moins amères, ils
trouvent plus légers les instrumens de leur
supplice, et la rame devient entre les mains
de plusieurs la palme du martyre.

Mais adorez la Providence, qui veut que
tout soit extraordinaire dans son ouvrage,
afin que plus tard tout soit extraordinaire
dans son instrument ; adorez la Providence
dans un miracle de charité qui vous semblera
peut-être moins digne de foi que d'admiration, que l'humilité de Vincent dissimula
toujours, et que sa sincérité ne désavoua
jamais ! Il eût voulu l'effacer de sa mémoire;

mais ses pieds, enflés le reste de ses jours, ne lui permettaient point de faire un pas qui ne lui rappelât le souvenir importun de son dévouement. Il y avait quelques mois que Vincent-de-Paule exerçait, sur les chiourmes de Marseille, un ministère de charité, dans lequel il était visiblement éprouvé et secondé par la Providence. Un seul jeune homme avait paru résister à son zèle : Vincent-de-Paule s'insinue dans sa confiance, le questionne sur son délit, apprend que, né dans une de nos Provinces limitrophes, il a importé des objets de contrebande pour nourrir sa mère infirme : ce n'est pas le châtiment qu'il endure qui le plonge dans le désespoir; c'est la pensée que sa mère meurt peut-être de besoin. A ce récit d'une victime déplorable de nos lois fiscales, l'âme de Vincent-de-Paule est déchirée : il propose à cet infortuné jeune homme de lui céder sa place et ses haillons, arrange lui-même à ce misérable stupéfait ses propres vêtemens, l'oblige, au nom de la piété filiale, à se dérober à ses gardes et à voler au secours de sa mère. (Oh ! qui ne tomberait aux genoux de la charité Divine ? Qui ne la remercierait d'avoir donné un si bel exemple à la charité humaine) ? Voilà donc Vincent-de-Paule sur

le banc des forçats, la rame à la main, content, dans ce glorieux abandon et ce déauisement sublime, par le sentiment de la joie
qu'il a procurée à une mère en lui rendant
son fils ! Il était réservé à notre âge de parodier tant de vertus et de les flétrir au
théâtre d'une couronne ignominieuse. Quoi !
celui qui a rempli le Monde de sa charité ,
le Saint des galères, objet de la vaine pompe
des spectacles et de leurs injurieuses apothéoses! Quoi! le nom de Vincent, le bienfaiteur de tous les Français malheureux , le
médecin de toutes les douleurs, l'ami de tous
ceux qui n'avaient plus d'amis; le nom de
Vincent répété par les échos de la joie profane ! O dégradation ! O ingratitude !

Mais détournons nos yeux de tant d'outrages et reposons-les sur une scène bien plus
digne de lui et de vous. La Providence, qui
a ses vues, le ramène encore dans la Capitale,
où Gondy le présente à Anne d'Autriche, qui
crée pour lui la charge d'Aumônier général
des galères, comme si la Providence voulait
qu'il contractât de nouveaux engagemens avec
la charité. Quelles vont être ses fonctions? O
homme incompréhensible sans Dieu! De la
demeure des forçats, la Providence le transporte au lit funèbre de Louis XIII....... Les

courtisans ont fui : Vincent-de-Paule est seul avec la mort qui va briser un Sceptre de plus. Celui qui occupait un Trône reposera bientôt dans la poussière ; et, de toute sa grandeur, il ne lui reste qu'une Croix et qu'un Prêtre : mais quel Prêtre ! Le Prêtre console le Prince de tout ce qu'il perd, par le tableau de tout ce qu'il gagne ; l'Auguste mourant presse de ses mains, les mains de son dernier ami ; il répète, avec son dernier ami, les derniers vœux de l'Église, et comme le dernier cri de Foi qui lui montre, dans les plaies sacrées de Jésus-Christ, un autre Diadême, un autre empire. Enfin, après avoir indiqué lui-même, de son doigt glacé et de ses lèvres livides, les Chants Religieux dont ses funérailles doivent retentir, il expire avec confiance entre les bras du plus vertueux de ses sujets, ce Prince, que l'histoire compterait parmi ses grands Rois, s'il n'avait eu Henri IV pour père, et Louis XIV pour successeur.

Louis XIV passe du berceau sur le Trône ; et sa mère, qui prépare les beaux jours de la France, associe Vincent-de-Paule à la gloire qu'elle va recueillir. Quelle épreuve a sa modestie ! Combien de démarches et presque d'intrigues, pour écarter l'honneur qui l'attend ! Vainement il conjure : la Providence triomphe. Déjà il avait captivé l'estime d'un homme supérieur à tout par sa place, et à sa place elle-même par l'étendue de son génie; Richelieu, qui, exercé dans l'art difficile de maintenir le calme en dirigeant les orages, réglait le destin de l'Europe; et le Ministre, en qui on respectait l'autorité du Roi, révérait l'autorité de Dieu dans son Ministre. Aujourd'hui, pour achever son ouvrage, la Providence l'introduit au Conseil de régence, où il s'asseoit entre Séguier et Mazarin. Tremblez enfans de l'ambition: dispensateur des biens du Sanctuaire, il n'accordera rien à la faveur, quelque chose à la naissance, beaucoup au mérite, tout à la piété; sa conscience est son juge. On s'alarme de son crédit : clameurs impuissantes! Le soin de donner des Pasteurs aux troupeaux est exclusivement remis à la rigide droiture, au zèle inflexible, à l'intégrité prudente de Vincent-de-Paule, qui hâte ainsi l'aurore du grand siècle de notre Église.

Ébloui d'un éclat, étourdi d'un encens auquel on n'est pas accoutumé, il est rare de ne pas succomber à l'ivresse de l'orgueil: mais la Providence veille sur son ouvrage. Au milieu de la considération dont il jouit, quelle attention dans Vincent à fuir les hom-

mages qu'on prodigue à sa dignité! Quel
désintéressement! Il laisse sa famille dans
l'état obscur où le Ciel l'a fait naître. Est-ce
que ses parens seraient les seuls étrangers à
son cœur? Son cœur insensible à la voix
de la nature! Non, mes Frères : mais sa tendresse craignait que les richesses ne nuisis-
sent peut-être à leur vrai bonheur. Quelle
simplicité! Le Cardinal de la Rochefoucauld
disait que, si on voulait trouver la simplicité
sur la Terre, c'était en Vincent-de-Paule qu'il
fallait la chercher. Quel courage! Prenant sa
source dans le Ciel, il ne se réfroidit ni par
les infirmités, ni par les revers, ni par les
calomnies : la soumission à la volonté Divine
est sa plus chère habitude. Quelle piété! Elle
est si vive, que lorsqu'il monte à l'Autel, il
en paraît enveloppé comme d'un vêtement.
Son corps est une hostie toujours immolée,
et sa vie entière n'est qu'un besoin conti-
nuel de ressembler à Jésus-Christ. Quelle
humilité! Le crime lui-même l'a reconnue :
lors du procès de sa canonisation, les Com-
missaires, nommés par le Saint-Siége, s'étant
transportés à Marseille, dans l'hôpital qu'il
y avait fondé, un vieux galérien aveugle,
entendant plus de bruit qu'à l'ordinaire, de-
manda quelle en était la cause : *On désire*

savoir si tu as connu M.ᵣ Vincent. Eh ! oui; sans doute, répondit-il; *je lui ai fait ma confession générale; c'était un bien Saint homme : mais que lui voulez-vous ? On veut le canoniser; peine perdue*, s'écria-t-il, *il est trop humble, il ne le souffrira jamais.* Que peut ajouter l'éloquence à une disposition de cette nature? Où trouver un témoin plus irrécusable ?

Ma voix déjà affaiblie vous rappellera en peu de mots que Vincent-de-Paule, Berger dans son enfance, Esclave à Tunis, Négociateur à Rome et aux Tuileries, Chapelain d'un hospice, Abbé de Chaumes et Aumônier de la Reine, Curé de Châtillon, Précepteur du Cardinal de Retz, Forçat à Marseille, Confesseur de Louis XIII, Directeur spirituel des galères, Ministre de la feuille des bénéfices, n'a été sous ces divers rapports l'ouvrage de la Providence, que pour en être ensuite l'instrument.

SECONDE PARTIE.

Pour me borner dans un sujet si vaste, je m'établis à S.ᵗ-Lazare, chef-lieu des opérations que la Providence concerte, achève et mûrit avec Vincent-de-Paule. Que Vincent-de-Paule ait été son principal ministre et

l'instrument de ses desseins, vous le con-
clurez avec moi du tableau que je me hâte
d'offrir à votre impartiale admiration : ce
tableau est une vie lisiblement empreinte du
sceau de la perfection ; on touche, en l'étu-
diant, aux dernières limites de la Sainteté ;
elle prouve le Christianisme : la vérité seule
peut enfanter tant de prodiges ; et ces prodiges, qui oserait les contester ? Il a vécu
près de nous ; tout est plein de lui, ses institutions sont les *pyramides* de la charité ; il
appartient à l'histoire du temps comme à
l'histoire du Ciel ; la philosophie elle-même
le réclame : aux jours de la folie, ne lui a-
t-elle pas décerné le titre de *philosophe français* ? Ne l'a-t-elle pas gravé au pied de sa statue ?

Plaçons-nous d'abord à cette époque mé-
morable où parut Vincent-de-Paule, pour
ressusciter la France. Les longues tempêtes
des guerres civiles avaient désolé l'Église et
l'État ; des Chrétiens rebelles à la Foi, des
sujets rebelles à l'autorité ; nos pères cons-
ternés du présent, épouvantés de l'avenir ;
la victoire également fatale aux vainqueurs
et aux vaincus ; un Prince dont la postérité
la plus reculée gardera la délicieuse mémoire,
et contre lequel s'arment des mains impies,
lorsqu'il ne fondait plus sa renommée que

sur la conquête immortelle de la paix : ô
Providence ! qui réparera tant de calamités?
Plaçons-nous à une autre époque non moins
désastreuse ; où un Roi enfant était persécuté
par le héros de son pays, où la souveraineté
flottante et méconnue égarait le peuple, où
des signaux alarmans de détresse s'élevaient
de tous les coins de la Capitale et du Royaume,
où les habitans des campagnes étaient jouets
et victimes d'une misère presque sans ressource et d'une ignorance presque sans ins-
truction : ô Providence ! il ne faut rien moins
que la charité Divine sous les traits d'un
homme.

De la colline où la Providence l'a stationné,
comme pour apercevoir les malheureux de
plus loin , Vincent-de-Paule promène ses regards sur la Religion et la France couvertes
de plaies ; ces plaies , il les examine, en sonde
la profondeur , en découvre la cause dans la
corruption des mœurs ; dans le décourage-
ment du Clergé , dans la licence des principes et l'absence de tout frein , dans ce goût
d'indépendance séditieuse , dans cette manie
d'intempérance raisonneuse qu'engendrent
les ébranlemens des Nations et les secousses
des Trônes , dans ce ramas de vagabonds qui
pullulent après les chocs et les tourmentes....;

tout à coup, fort de je ne sais quelle inspi-
ration céleste, de l'asile où il invoquait le
Dieu des Clovis, des Charlemagne et des
St Louis, Vincent-de-Paule s'élance seul contre tous les fléaux réunis. Vous déciderez
bientôt, mes Frères, s'il est aux ordres de
la Providence, ou si la Providence est aux
siens ; mais Vincent-de-Paule est inexplicable,
s'il n'en est pas l'instrument.

La Capitale aura les prémices de son zèle :
voyez-le traiter les Grands du Monde avec
les égards dus à leur rang, sans compro-
mettre l'inflexibilité de la règle et de son
ministère ; rétablir la pudeur, la vertu, la
décence au centre de la contagion générale;
et dans une Cité, qui renferme en son enceinte,
parmi ses trésors et ses palais, toutes les
misères et tous les vices, se dévouer tout
entier à l'extirpation des uns et des autres.
Oh ! s'il m'était permis de raconter ses travaux et ses succès, les merveilles de sa charité et de sa tendresse pour le jeune âge !
Qui de nos pères pouvait souffrir et dont il
ne ressentît les douleurs ? Il est l'ami de tous,
autant que s'il ne l'était que d'un seul. Et
ces respectables infortunés qui portent, avec
le poids du malheur, le poids plus accablant
de la honte ; et ces guerriers que la fidélité

et la valeur ont dépouillé du patrimoine de
leurs ancêtres, comme sa délicate commisé-
ration ménage leur honneur délicat ! Mais,
c'est le pauvre peuple des campagnes qui est
sur-tout l'objet de son amour : il court à
travers mille dangers, visite, exhorte, per-
suade ; nouvel Amos, rien ne résiste à son
langage plein de douceur. A sa voix, l'ins-
truction pénètre dans les retraites les plus
sauvages ; où il rencontre une cabane, il y
plante une Croix ; en lui le Sacerdoce est aussi
une Magistrature : il appaise plus de différens
que les Tribunaux n'en peuvent juger, et
arrête plus de crimes qu'ils n'en peuvent
punir ; on admire des Chrétiens là où il avait
à peine trouvé des hommes. Il regrettait souvent de n'avoir pas fini sa vie auprès d'un
buisson, en travaillant dans quelque village ;
mais il regrettait plus souvent encore de ne
pas embrasser tous les temps et tous les lieux,
comme la Providence, dont il ne soupçonnait
pas qu'il était l'instrument.

Rassurez-vous, Apôtre magnanime : la Providence vous envoie des auxiliaires. Voilà
qu'elles se rangent autour de lui, sous l'éten-
dard de la charité, les d'Aligre, les d'Aiguillon,
les Fouquet, les Saintot, dont le nom est
inséparable du nom de Vincent-de-Paule. Que

dirai-je de ces réunions bienfaisantes, présidées
par leur Saint, où des Princesses augustes, les
étrangères les plus distinguées ; des Vierges
recommandables sollicitent la place de tutrices
des enfans du Calvaire, où l'épouse d'un Chan-
celier brigue l'emploi de servir les malades,
et la fille d'un premier Président celui de
veiller au linge et aux meubles des pauvres ?
Sept cents Calvinistes , frappés des effets de
cette émulation sans exemple , rentrent dans
le sein de l'Église. Et vous , nouvelles Olym-
pias , ô Legras , ô Miramion , ô la Peleterie ,
ô Chantal ! les pauvres ont accompagné vos
cercueils; vos obsèques retentissaient de leurs
gémissemens. Est-ce qu'il n'y avait plus d'âmes
charitables sur la Terre, parce que vous veniez de mourir ? O Vincent-de-Paule, c'était
votre ouvrage, comme vous aviez été vous-
même l'ouvrage de la Providence.

Mais quels cœurs paternels semblent disputer, avec ces inépuisables cœurs de mères, de
sensibilité et de vertu ? Il est des œuvres qu'on
croirait réservées uniquement au sexe, dont
les occupations plus paisibles et la bonté plus
industrieuse s'accordent mieux avec les exer-
cices de la charité. Malgré la justice de cet
hommage, et pour accroître ses ressources ,
Vincent-de-Paule convoque une assemblée

d'Évêques, de Guerriers, de Magistrats, de Courtisans : au lieu de la pompe des sanctuaires, voilà la triste nudité des cabanes ; au lieu de champs de batailles, voilà des salles d'infirmes ; au lieu de lits de justice, voilà des lits de mourans. Tel était le fruit de ces regrettables conférences de S.ᵗ-Lazare, où, nouvel Esdras, il explique la loi dans des discours pleins de force et d'onction ; où les aspirans à l'Épiscopat et au Sacerdoce veulent être préparés par ses leçons et conduits par ses exemples ; où des personnages chargés d'années et de gloire accourent pour entendre les oracles de la sagesse ; où, habile dans l'art des négociations spirituelles, il ramène à la Foi l'un des hommes les plus habiles de son siècle dans l'art des négociations politiques, le Commandeur de Sillery ; où le Comte de Rougemont, du duelliste le plus redouté, devient un Anachorète, et le fameux Gondy lui-même le modèle des grands Seigneurs.

Une autorité aussi extraordinaire devait être appuyée sur une considération personnelle, aussi rare que les vertus qui en étaient le fondement. Les tributs de l'Europe entière apportés chaque jour à S.ᵗ-Lazare, le commerce intime des Souverains, le concours de

toutes les grandeurs, de toutes les réputa-
tions, de tous les opprimés dans l'asile du
plus humble des Prêtres, le touchant caractère de Religion imprimé dans ses traits, le
spectacle sublime d'une constance que rien
n'ébranle et d'une douceur que rien n'altère,
tout consacrait une vieillesse qui était l'appui
de l'infortune et une demeure qui en était
le refuge. Pauvres de toutes les classes, c'est
là que vous veniez embrasser ses genoux et
implorer sa pitié ; c'est là qu'il accueillait les
Catholiques d'Irlande, qui, pour conserver
la Foi, mouraient de faim à Paris ; c'est là
que, pendant le blocus de la Capitale, il
nourrissait chaque jour quinze mille indigens
et neuf cents filles abandonnées ; c'est là que
les Députés des Provinces arrivaient pour sol-
liciter des secours : ce n'est point au Louvre ,
ce n'est point à la Reine, ce n'est point aux
Ministres qu'ils s'adressent, c'est à Vincent-
de-Paule, qu'ils appellent l'Intendant de la
Providence sur la Terre ; c'est là qu'il devient,
en quelque sorte , le dépositaire de toutes
les aumônes du Royaume, et le trésor commun
de tous les misérables.

C'est là que coulent les premières eaux de
ce fleuve qui arrosera et fécondera le champ
de l'Église , pour disparaître de nos jours

dans une grande tempête qui a desséché le lit de tant d'autres. Quelle est cette congrégation d'hommes Évangéliques , animés de l'esprit de leur fondateur et brûlans de marcher sur ses traces ? Les uns traversent les Mers et prêchent la charité en Afrique , en Asie , aux îles Hébrides, malgré la vigilance ombrageuse de Cromvel ; les autres sont engloutis dans les flots, et, avant de périr , convertissent l'équipage ; ceux-là , lorsque le feu de la guerre a pénétré jusqu'au centre de l'Empire , et que l'avant-garde ennemie presse les murs de la Capitale, font de S.ᵗ-Lazare une place d'armes , qui devient pour l'État un séminaire de victoires; ceux-ci , dans l'administration des écoles cléricales, que leur chef a établis , l'aident à préparer et à assurer à la France le bienfait de quarante mille Pasteurs , la lumière et l'édification des peuples.

Et les Saintes Filles de la charité ! O fondation, conçue par la Providence , exécutée par son représentant , ratifiée par tous les cœurs! Les Saintes Filles de la charité ! pour cloître, le chevet de la misère ; pour grille, la crainte de Dieu, et pour voile, l'obéissance ; c'est toute leur règle : voilà cette règle si chère à l'humanité, et si honorable à Vincent-de-Paule. Qu'elles sont dignes de leur Père les Filles de la charité qu'on admire depuis deux siècles, et qu'on bénit par-tout où son esprit les envoie! Que de services rendus, depuis deux siècles, par leur bonté compatissante ! Généreuses Filles, aux jours de l'ingratitude, votre courage a remporté le plus beau des triomphes, en forçant l'impiété à regretter votre courage : oh! qu'elle est petite auprès de la charité de Jésus-Christ, la bienfaisance *philosophique*! Ne vous fiez pas à son arbre, il n'a pas de racines. La charité de Jésus-Christ porte des fruits malgré l'orage.

Ne murmurerait-il pas, dans cet auditoire, le reproche d'exagération ? Un seul homme et tant d'ouvrages divers ! C'est que sa vie ne fut qu'un travail sans relâche. Le temps, qu'il regardait comme le trésor du Chrétien, il le ménageait avec une économie scrupuleuse : chacun de ses momens devait un tribut à son zèle et un hommage à la Providence. Nous n'avons qu'une faible partie des lettres qu'il écrivait en France, en Barbarie, jusqu'aux bornes du Monde ; et pourtant on s'étonne de leur nombre : c'est un vaste dépôt de science embellie par la charité. Ici, c'est un Évêque qui le consulte sur des matières de la plus haute importance ; là, ce sont des Princesses qui demandent une Mission.

Tantôt c'est la Propagande de Rome qui l'invite à envoyer de ses enfans au grand Caire ; tantôt c'est un mère affligée qui, du fond du Royaume, réclame sa protection pour un fils captif à Alger, et menacé de perdre la vie ou la Foi. Aujourd'hui ce sont les Nonces du St.-Siége qui interrogent sa prudence pour le bien de l'Église universelle ; demain , des Cénobites qui le choisissent pour médecin de leurs consciences, ou l'illustre Maison de Fénélon , à laquelle il prédit qu'il en naîtra un fils, qui sera la gloire de sa famille et l'ornement du Sanctuaire. Le matin , c'est le Chef de la Magistrature , pressé d'avoir son avis et son jugement ; le soir , c'est un Pasteur qu'il faut éclairer dans une circonstance difficile et épineuse. Immortelle correspondance, où ses conseils ne sont que les conseils de la Croix , où ce qu'il dit de la vertu n'est que le tableau ressemblant de ses pensées et l'histoire fidèle de ses actions ! Immortelle correspondance , où ce Vincent-de-Paule, si exact, si sévère , si rigide pour lui-même , semble amollir son style et se livrer à la confiance dont il a le charme , l'abandon et la sincérité !

Et toujours les délassemens de sa plume sont les œuvres et les établissemens de cha-

rité : nos places publiques fourmillaient alors
de troupes errantes, livrées à tous les excès
et à toutes les tentations de l'oisiveté ; c'était
une pauvreté turbulente et hideuse qui faisait un trafic de la mendicité et un jeu de
tromper la pitié. Pour détruire l'occasion et
le prétexte de tant de désordres, il fallait
des hospices capables de renfermer cette in-
quiétante multitude. La sagesse de Vincent-
de-Paule en dispose l'exécution, sa fermeté
aplanit les obstacles, sa charité recueille
les largesses, et son crédit obtient la sanc-
tion de la Cour, qui voyait en lui plus qu'un
homme. Le succès le plus inattendu couronne une entreprise, vainement tentée par
le grand Chrysostôme, pour la Capitale de
l'Orient, et par le grand Henri, pour la Capitale de la France. Grâces à notre Saint, ou
plutôt à la Providence, dont il était l'agent
privilégié, la charité a ses palais, que l'étran-
ger surpris croirait être la demeure de nos
Rois, lorsque c'est la demeure des plus infortunés et l'ouvrage du plus modeste de
leurs sujets. La fainéantise suspecte y trouve
le travail et des alimens ; la jeunesse coupable, une réclusion salutaire ; la décrépitude,
des jours tranquilles ; ces misérables, qui
ont perdu le plus noble attribut de notre

être, la raison, y jouissent des droits de l'humanité.

D'où partent ces cris innocens ? Reparaîtrait-elle au milieu de nous la barbarie des Pharaon et des Hérode ? O barbarie plus affreuse encore ! ce sont des mères qui sacrifient leurs enfans à la honte ou à la détresse ; ce sont des enfans qui appellent en vain le sein de leurs mères ! Exécrable forfait qui étouffait dans leur germe les générations naissantes et tarissait le sang de la Patrie ! Tous les sentimens, que ces mères inhumaines ont abjurés, passent dans le cœur de Vincent-de-Paule ; et les enfans de la détresse ou de la honte deviennent les enfans adoptifs de sa charité. Long-temps il est le nourricier des victimes qu'on expose sur le seuil des Temples : ne pouvant y suffire, son cœur frappe au cœur de ses miséricordieuses amies ; il rassemble ses coadjutrices fidèles. A sa voix, dont la voix de la Religion et de la nature indignées redouble les lamentables accens, on ne répond que par des sanglots ; et le même jour, parmi les serremens de la pitié, les larmes de la reconnaissance et les transports de l'admiration; et le même jour, l'hôpital des enfans trouvés est doté de quarante mille livres de rente.

O Vincent-de-Paule, qui serez jusqu'à la fin des siècles la seconde Providence de l'enfance délaissée ; hélas ! c'est sur votre tombeau qu'on signera l'acte de cette dotation : ainsi l'a décrété la Providence, qui veut enfin jouir de son plus bel instrument ; ainsi le demande la Princesse de Conti : *si on rejette ma prière, dit-elle , notre ami commun en éprouvera du chagrin , même dans le Ciel.* O Sainte amitié ! O triomphes de la charité !

Mes Frères , quelle éloquence serait en mesure avec tant de merveilles , lorsqu'il lui reste à glaner au milieu de toutes ses richesses : Missions dans les Cévennes et aux armées , colonie à Rome , prévoyances sans repos contre tous les besoins, les Maronites du Liban soutenus, dévouement sans bornes à la gloire de l'Ordre de Malte, les Filles de la Visitation protégées : (François-de-Sales lui avait légué son plus précieux héritage. O Vincent-de-Paule , ô François-de-Sales , toutes les âmes sensibles confondent vos noms chéris) ! deux millions à la Champagne, que se disputent tous les fléaux; d'immenses provisions et des sommes immenses à la Picardie, où on broute l'herbe des champs et où on mange l'écorce des arbres ; trente mille livres par mois en aumônes particulières ; trente-cinq établissemens dans Paris, tous fondés par lui et dont aucun ne porte son nom : impies, vous demandez des miracles nouveaux, pour croire aux miracles de l'Évangile : la Providence vous a accordé un miracle de quatre-vingts ans, et ce miracle est Vincent-de-Paule.

Je vous entends m'interrompre et m'adresser la même question que les Juifs, frappés de l'éclat des actions de Jésus-Christ ; mais celui qui opère de si grandes choses, n'est-il pas le fils d'un pauvre ouvrier? *Nonne hic est fabri filius* ? Où étaient donc ses trésors, ses ressources, ses moyens? Ses trésors! écoutez: un homme n'est-il pas bien riche, lorsque par l'irrésistible ascendant de ses vertus il commande à tout et à tous? Est-il des revenus plus solides que ceux dont les fonds sont placés sur la vénération et l'amour! La Métropole de Reims ordonne une Procession solennelle, dont l'objet est de demander à Dieu de prolonger au-delà du terme ordinaire les jours de cet homme extraordinaire. Ses ressources! écoutez : un homme en a beaucoup, lorsqu'il n'a jamais sollicité des choses vaines et chimériques, lorsqu'on est sûr qu'il ne pense qu'aux malheureux, lorsque l'envie elle-même n'ose contredire les louanges unanimes qui proclament sa Sainicté. Ses moyens! écoutez : un homme en a beaucoup lorsqu'il paraît d'intelligence avec le Ciel , lorsque ses flatteries à la Cour ne sont que des plaidoyers pour l'infortune ; lorsque, pour terminer une bonne œuvre , Anne d'Autriche lui remet ses diamans, et qu'il ose lui dire qu'une Reine n'en a pas besoin ; lorsqu'à sa mort un grand cri de douleur s'élève vers la Providence ; lorsqu'on pleure Vincent-de-Paule, comme une mère pleure son fils unique; lorsque les Turenne, les Lamoignon, tous les ordres de l'État assistent à ses obsèques, et que l'Europe , devenue Française, partage le deuil de la France.

S'étonnerait-on maintenant que l'Église ait mis au rang de ses Saints, celui que le paganisme aurait mis au rang de ses Dieux , comme le Dieu de l'humanité et de la bienfaisance ? Celui à qui les Chanoines de Dax, sa patrie , avaient réservé, de son vivant, une Chapelle dans leur Cathédrale reconstruite à ses frais, tant ils doutaient peu des honneurs réservés à sa mémoire ? S'étonnerait-on maintenant que le Roi de France, le Roi et la Reine d'Angleterre, le Duc de Lorraine, le Grand-Duc de Toscane, le Doge de Venise, ajournent leurs rivalités, pour hâter sa canonisation ? S'étonnerait-on maintenant que le Clergé de Paris, par l'organe de son Archevêque; que Paris tout entier, par l'organe de ses Magistrats ; que le Clergé du Royaume, par l'organe si pur et si vrai de Fénélon, déclarent qu'en lui érigeant des Autels, c'est à la charité elle-même qu'ils en érigent ? Enfin, s'étonnerait-on maintenant qu'il se fasse comme une irruption de toute la Catholicité à Rome, pour le succès de la négociation entamée, et que l'impatience accuse, pour ainsi dire, une Cour dont la lente sagesse est soumise aux délais qu'exige nécessairement une discussion vaste et approfondie ? On informe : pas une tache dans la plus longue carrière. On constate les miracles : pas une voix ne les dément. Ainsi, le Ciel s'unit à la Terre ; et Clément XI cède à l'un et à l'autre, et l'Univers invoque le pauvre Missionnaire qui avait tant de fois baisé les pieds aux pauvres infirmes ; et son cœur.....

Mes Frères (1), aux jours du crime, il avait été enseveli aux terres étrangères dans le secret de la plus incorruptible vigilance.... La Providence nous l'a rendu ce cœur si

_____

(1) L'Église primatiale de Lyon, possède le cœur de Saint Vincent-de-Paule.

humain, qui se réjouissait de nos prospérités
et s'affligeait de nos adversités ; ce cœur, qui
battait pour tous les peuples amis et ennemis ; ce cœur, qui se dilatait à la nouvelle
d'une bonne action, et se serrait au seul
nom d'injustice et de violence ; ce cœur,
tant de fois percé du glaive de la tristesse,
lorsqu'il ne pouvait réparer le mal ; ce cœur,
dont les mouvemens, les sentimens, les épan-
chemens n'étaient que tendresse ; ce cœur,
où habitait le Monde entier ; ce cœur, vrai
foyer d'amour, où descendaient du Ciel les
inspirations généreuses et les hautes pensées,
et d'où remontaient vers le Ciel les Prières
suppliantes, les vœux ardens, les inquiétudes de la charité ; ce cœur, que tous les
cœurs qui aiment ou qui pleurent ou qui
souffrent devraient environner à toutes les
heures du jour ; ce cœur, qui, à l'exemple
du cœur de son Divin Maître, avait pour les
enfans un amour de préférence ; ce cœur,
qui, s'il pouvait défendre au tribunal de
vos cœurs la cause de l'âge le plus intéressant
de la vie, vous répétérait que le bonheur
des générations futures est attaché à l'éducation de la génération présente, rappellerait
à votre sensibilité les temps déplorables où
l'enfance était livrée à toutes les séductions,

où le frein de l'obéissance était brisé , où
toutes les bouches étaient muettes pour la
vertu et toutes les oreilles ouvertes au blasphême, où le vice entrait dans les jeunes
âmes par tous les sens, et où la société était
corrompue dans son germe; ce cœur confierait
à votre libéralité ces hommes utiles, dont les
journées sont si pleines, les services si pénibles,
le désintéressement si humble, ouvriers infatigables, cultivant sans repos les pépinières de
notre espérance ; ce cœur, qui tressaillerait
à la vue de ses Filles charitables pour les-
quelles aucune bonne œuvre n'est difficile
ni étrangère; ce cœur, qui s'attendrirait à la
douce conviction que des hommes éminem-
ment miséricordieux , parce qu'ils sont émi-
nemment Chrétiens, se chargent du sort présent et avenir de ces petits indigens qui n'ont
que le sein de la Providence ; ce cœur, qui
se consolerait des plaies que nous lui avons
faites, à la rassurante pensée que les enfans
des pauvres sont encore les premiers orphelins de l'Église et de l'État; ce cœur, que
je crois entendre vous dire: ô vous les nobles
héritiers de ceux qui m'aidaient dans la
carrière du bien, soyez les tuteurs de ces
enfans qui se recommandent à vous, à des
titres si sacrés, soyez les gardiens de leur

innocence, trésor si fragile dans nos nouvelles mœurs , soyez les protecteurs de ce que la Religion a de plus cher et de plus tendre ; enfin, ce cœur du meilleur Citoyen qui ait honoré la France et du meilleur Prêtre qui ait honoré le Christianisme!

Ici, mes Frères, car mon admiration est épuisée, daignez, je vous en conjure, daignez suppléer à ma faiblesse, vous tous, dont Vincent-de-Paule fut ou le bienfaiteur, ou le réformateur, ou le Docteur ; racontez-nous le plus admirable des spectacles que la charité ait donné au Monde; racontez-nous, car ici raconter c'est louer, cet enchaînement de projets, d'entreprises, d'obstacles, de succès qui distinguent entre tous les autres un Prêtre né sous le chaume, sans brigue, sans titre, sans éclat; racontez-nous, quoique ici le vrai ne soit pas vraisemblable, l'héroïsme de tous les héroïsmes réunis dans un seul homme, sans moyen qu'un zèle infatigable, sans puissance que l'Évangile , sans amis que les malheureux : parlez à ma place, vous indigens, que son enfance aidait de ses privations; vous, captifs, dont la reconnaissance le disputait à la surprise, lorsque, captif lui-même, il vous enseignait la morale de la patience ; vous,

Rome, qui pressentîtes d'avance ce qu'il ferait un jour pour l'Église ; vous, Henri, qui aimiez Vincent-de-Paule, parce qu'il aimait les pauvres, comme vous aimiez vos sujets ; vous, malades, qu'il guérissait par la vigilance et la résignation ; vous, trop fameux coadjuteur, qui eussiez joui de plus de bonheur et de plus de gloire, si vous aviez mieux gardé le souvenir de ses leçons et de ses exemples ; vous, forçats, dont il adoucit et partagea les souffrances sur ces lits de douleur et d'infamie, où vous ne connaissiez vos semblables que par la haine, le sentiment que par le désespoir, le Ciel que par le blasphême ; vous, Prince, auquel on croit l'entendre dire, comme depuis......, ce mot sublime qui retentira dans les siècles : *Fils de S.ᵗ Louis, montez au Ciel.* Parlez à ma place, vous, rebelles, qui l'avez vu choisir dans la chaleur des partis et l'animosité des intérêts, les intérêts et le parti de Dieu, du Roi, des infortunés ; vous, Reine des cités, qu'il sauva de l'anarchie des factions ; vous, tyran de l'Angleterre, qui pouviez bien empêcher les Rois de secourir un Roi, mais qui n'eûtes pas le pouvoir d'empêcher un Missionnaire de secourir les affligés ; vous, Paroisse si long-temps désolée, qu'il arracha à la famine et à l'erreur ; vous, chefs du peuple auxquels sa noble franchise disait la vérité, sans blesser la Majesté de vos Couronnes, et vous, peuple, qu'il n'entretenait jamais de vos droits, mais toujours de vos devoirs. Parlez à ma place, vous, Filles de la charité, les courageuses adjudantes de son ministère ; vous, milice Sacerdotale, généreux Lazaristes, qu'il envoyait dans toutes les contrées de la Terre, prier, consoler et instruire ; vous aussi, car, jusqu'aux pierres mêmes, il faut que tout prenne une voix pour fortifier la mienne ; vous aussi, hospices secourables, dont on ne trouve aucun modèle chez les anciens ; maisons de Dieu si dignes de ce beau nom, Temples de miséricorde, où les berceaux de l'orphelin seront à jamais les plus glorieux trophées du cœur de Vincent-de-Paule. Enfin, parlez à ma place ; vous, Univers, qu'il embrassait dans sa charité, comme le Soleil vous embrasse dans sa lumière.

O Providence, après tant de prodiges, vous vous devez encore un prodige ! Suscitez à la Religion des Ministres qui lui ressemblent : quand furent-ils jamais plus nécessaires ? Suscitez au malheur des appuis qui lui ressemblent : sans la charité, que deviendraient

les malheureux ? Suscitez à la vertu des modèles qui lui ressemblent : quand en eut-elle
jamais un plus grand besoin ? O Providence,
veillez sur nous, afin que nous puissions un
jour, avec Vincent-de-Paule, votre ouvrage
et votre instrument sur la Terre, chanter dans
le Ciel vos Miséricordes et vos grandeurs !

F I N.

DISCOURS

POUR LA BÉNÉDICTION D'UNE CLOCHE.

Buccinate in insigni die solemnitatis vestræ; quia præceptum in Israël est et judicium Dei Jacob.

Sonnez de vos instrumens aux jours des Fêtes solennelles : c'est la loi d'Israël et l'ordonnance du Dieu de Jacob.

Ps. 80.

C'EST au son des instrumens que le peuple de Dieu marchait à la conquête de la Terre promise; c'est au son des instrumens que les Tribus rassemblées poussaient le cri des batailles, et que ce cri redoutable entendu par les deux armées, remplissait de confiance les enfans d'Israël et jetait l'épouvante parmi les

Nations ennemies ; c'est au son des instrû-
mens qu'on célébrait, à Jérusalem, les Fêtes
du Dieu de Jacob. Cependant, mes Frères,
le Temple de Jérusalem, que les livres ins-
pirés nous décrivent avec tant de magnificence, n'était que la figure de nos Temples ;
son Tabernacle, n'était que l'ombre de nos
Tabernacles ; l'Arche des Hébreux, n'était que
le simulacre de l'Arche des Chrétiens ; les
victimes qu'on immolait dans leur Parvis ,
qu'étaient-elles comparées à notre victime ?
A Jérusalem, tout était représentation et promesse ; ici, tout est vérité et réalité.

Devons-nous être maintenant surpris que
notre Église, mère attentive et vigilante, ait,
dès les âges les plus reculés , établi des
signaux qui conduiraient ses enfans par toutes
les routes de la piété, à la maison de l'infinie
clémence : la voix de l'homme est-elle assez
pure pour y convoquer le repentir, l'innocence et le malheur ? Il fallait sur les hauts
lieux des régulateurs au temps ; il fallait que
la vieillesse et l'enfance, par la distribution
marquée des heures fugitives, entrassent en
communauté des richesses de la grâce ; il
fallait, enfin, que l'épouse de Jésus-Christ
imprimât un caractère particulier au métal
sacré qui invite à ses Fêtes, et qu'elle épanchât

ses bénédictions sur l'instrument des bénédictions Divines.

Entrons, mes Frères, dans l'esprit de cette
solennité, et avec quel empressement je viens
raconter au milieu de vous les intentions de
l'Église, l'utilité de ses établissemens et la
charité de ses prévoyances! Que de rayons de
bonheur m'environnent! Souvenirs amers,
ne venez point troubler l'allégresse des enfans
de la Religion : oh! qu'il doit leur être précieux cet instrument où la reconnaissance a
gravé des noms qui l'étaient déjà au fond des
cœurs. C'est le nom chéri du chef de cette
grande et pieuse Cité, dont le vœu unanime
autant qu'honorable l'a placé dans le rang
qu'il occupe. L'hommage qu'il acquitte en
ce jour lui est un nouveau garant des hommages de la confiance publique dont il est
digne à tant de titres. C'est le nom d'une
mère, d'une épouse qui met ses bonnes actions
à la tête de ses premiers devoirs et de ses
premiers plaisirs, dont je ne loue la charité
que parce que la reconnaissance du pauvre
la trahit, et qu'elle est par-tout empreinte,
dans les chaumières de l'indigence, dans les
réduits de la douleur, dans les Sanctuaires
de la Religion, dans les Écoles de l'enfance
et du sacerdoce : noble penchant qu'elle

partage avec un Magistrat éclairé et sensible, qui se délasse, en versant les bienfaits, des pénibles fonctions dont il est revêtu.

Et vous, Messieurs, qui êtes chargés avec lui de l'auguste ministère de juger vos semblables, et dont la présence ajoute un nouvel éclat à la cérémonie qui nous rassemble, nous vous remercions d'affermir la considération qui vous environne, en venant dans nos Sanctuaires invoquer sur vos nobles travaux les bénédictions du Ciel : nous vous remercions de sentir que nos Temples, qui sont des asiles de Miséricorde et de paix, sont aussi les premiers Temples de la justice, puisqu'il y rend ses oracles, celui qui juge les juges de la Terre. Puisse, Messieurs, la Sainte alliance qui existait autrefois entre le Sacerdoce des Lois et le Sacerdoce des Autels, renaître pour maintenir le respect des principes tutélaires, la stabilité de l'ordre, la confiance des familles et la gloire de l'État !

O Marie, protectrice de notre ministère, je vous salue et vous invoque ! Obtenez-moi les lumières du Saint-Esprit. *Ave Maria.*

Non, mes Frères, ce n'est point une vaine
cérémonie qui nous réunit dans ce Temple.
Tout ce qui est avoué de la Religion et con-
sacré par ses Ministres, selon les règles qu'elle
a prescrites, a pour fin la gloire du Créateur
et le salut de la créature. Les détails de notre
liturgie sont des emblêmes de tendresse, et
la bonté Divine respire jusque dans les choses
inanimées qui appartiennent au Culte. Jetez
les yeux sur cette Cloche offerte à la bénédiction de l'Église : la couleur de son vêtement
est le symbole de l'innocence des mœurs
Chrétiennes; l'eau qui doit la purifier vous an-
nonce que nos cœurs, pour être agréables à
Dieu, doivent être sans tache; et des onctions
multipliées avec l'huile des infirmes avertiront
votre faiblesse, qu'étant les soldats de Jésus-
Christ, vous devez revêtir les armes de la force
et porter le casque de l'héroïsme spirituel.
Aux signes répétés de la Croix, l'Église nous
rappelle que ce n'est qu'aux épines sanglantes
dont elle est entourée, que pendent les couronnes de la fidélité à notre vocation ; qu'en-
fantés sur cet arbre de salut, nous devons y
demeurer avec Jésus-Christ; que, relégués
dans cette vallée de larmes, la Croix est le
seul objet qui soit digne de nos regards ;
qu'errans sur cette Mer orageuse, la Croix est

le seul astre qui puisse diriger notre course;
que ce n'est que par cet héritage de douleur,
que nous pouvons acquérir l'héritage de gloire
qui nous est préparé; qu'au jour de l'inexora-
ble juge, avec nous elle sortira du tombeau,
pour nous traîner au tribunal de la vengeance,
comme un témoin et un accusateur de nos
désordres; que lorsque l'Univers s'écroulera,
et que la Croix s'élevera sur ses débris, c'est
à ses pieds que le genre humain sera cité,
confronté, jugé: oh! que de hautes pensées! oh!
que de maximes réprimantes jaillissent de
ce métal ! Ici, tout est leçon et encourage-
ment : l'encens qu'on va brûler, que ne nous
dit-il pas ? C'est la bonne odeur de la vertu;
c'est le feu de l'amour Divin qui embrase les
âmes; c'est la Prière qui monte, humble, sup-
pliante, jusqu'au Trône de l'Éternel, sur les
ailes de l'Espérance et de la Foi. Je la plains
bien plus encore que je ne l'accuse, la triste
indifférence de nos jours, qui dédaigne de
si touchans spectacles ou calomnie de si belles
institutions.

Qu'elle écoute et qu'elle soit confondue:
par-tout les bienfaits de l'Église ne se mê-
lent-ils pas aux sons de la Cloche? A peine
l'homme est-il sorti du sein maternel, que
l'Église, versant sur sa tête l'eau régénéra-

trice, se hâte de lui rendre tous ses droits.
Son âme commence-t-elle à se dégager des
enveloppes de l'enfance, l'Église épie cet
instant heureux pour l'initier à ses dogmes
et le marquer du second sceau de la famille
Catholique. Arrivé à l'âge où il s'essaie avec
les charges et les devoirs de la vie, il trouve
dans le pain céleste, que l'Église lui présente,
un courage nouveau qui le soutient dans les
chemins de la justice. Est-il appelé à la société conjugale, c'est sous les auspices de
l'Église qu'il en forme les nœuds. Si notre
faiblesse est entraînée dans les sentiers du vice,
l'Église nous offre d'une main le trésor des
Miséricordes et de l'autre le trésor des ven-
geances: le malade effrayé dont le tombeau
s'entr'ouvre, l'Église le dispose par degrés à
cette redoutable demeure, l'anime dans la
dernière lutte de la nature et de la mort,
recueille ses derniers soupirs, le porte sur
le seuil de la véritable Jérusalem dont elle
implore les habitans pour lui. Le repos est si nécessaire à l'artisan utile! les Fêtes de l'Église
le lui assurent. Les Prières de l'Église amènent
l'abondance dans nos campagnes, la victoire
dans nos armées, le succès dans nos entreprises; et si des fléaux destructeurs nous dé-
solent, elle appaise le Ciel irrité. La mort,

la mort n'est pas le terme de ses constantes, inquiétudes : elle nous suit jusqu'au souverain juge dont elle réclame l'indulgence par ses vœux et par ses sacrifices, honore nos cendres, les préserve des outrages, à moins que le règne des méchans n'arrive. Est-il quelque époque, quelque circonstance, quelque lieu qui ne nous montre l'Église, les yeux attachés sur l'homme, lui tendant une main secourable, s'occupant de ses besoins et lui prodiguant ses largesses ?

Mais n'est-ce pas la Cloche qui donne la vie à tous les Sacremens de la grâce et à toutes les pompes de la Religion ? Elle signale dans les airs la naissance de vos enfans, et le bonheur de la paternité ; elle vous accompagne aux funérailles de vos proches, à ces devoirs suprêmes, à ces derniers tributs de la piété et de la tendresse : majestueux concert qui préside à toutes les scènes de l'ordre présent ! Harpes prophétiques, lyres inspirées, taisez-vous : vous n'étiez que les faibles ébauches des trompettes du Christianisme. Hommes frivoles et légers, vous ne m'en croirez pas ; pour l'Anachorète qui se dévoue à des pénitences sans mesure et sans fin, le balancement de la Cloche n'est-il pas, en quelque sorte, la voix de l'Éternité ; pour

le juste mourant, la voix de la clémence,
et pour le malheureux, la voix de la conso-
lation ?

Que j'aime à me représenter un Patriarche
des champs, dont les mains glacées par l'âge
tracent encore de pénibles sillons dans un
sol ingrat : son fils est à ses côtés, plein de
respect pour les cheveux blancs de son aïeul.
Pourquoi ces fronts découverts ? Pourquoi
la vieillesse et l'enfance lèvent-ils leurs yeux
au Ciel ? Avertis par la Cloche du hameau,
ils invoquent la mère du laboureur, la bien-
faitrice du pauvre ; et dans leur humble et
courte Prière est renfermée toute la science
de la Religion ; ils saluent avec l'Ange la
fille de Jacob, qui a donné son fils unique
pour nous racheter ; et l'espérance des fruits
de leurs sueurs, et les promesses de l'avenir,
et les douceurs de la paix descendent dans
leurs âmes. Merveilleux instrument, qui,
placé entre le Ciel et la Terre, se charge
pour le Ciel des vœux de la reconnaissance,
des soupirs de la misère, des besoins de
l'homme, et en rapporte sur la Terre la résignation aux douleurs, les secours inattendus
et les plaisirs de la bonne conscience.

Transportons-nous sous ces toits délabrés,
dans ces maisons de boue où la lumière sem-

ble n'entrer qu'à regret : qu'apercevrons-nous ?
Une mère pâle et livide, pressant sur son
sein l'infortuné qui vient de naître ; un père
de famille, accablé des fatigues du jour,
réparant ses forces défaillantes avec un pain
grossier, détrempé de ses larmes : d'où leur
vient ce rayon de sérénité ? C'est du Ciel et
du Temple ; la Cloche du Temple qu'ils regardent comme la voix même du Ciel, leur
donne le courage et la patience : les riches
nous délaissent, mais nous avons Dieu pour
refuge ; il daigne se faire entendre, et en
l'écoutant nous souffrons moins ; ainsi la
Cloche, qui n'a ni paroles dures, ni refus
humilians, ni dédains superbes, adoucit
leurs peines et endort leurs souffrances. Impies, si avides de tous les métaux, il en est
un que vous ne pouvez sans crime disputer
à l'indigence, qui le préfère à votre or, à
toutes vos richesses. O admirables institutions !
qu'il y a de sagesse répandue dans toute notre
économie religieuse ! Comme cette économie
religieuse laisse loin derrière elle ce que l'an-
tiquité prônait avec tant d'emphase de ses
cérémonies, de ses usages et de ses mœurs.

Combien de fois n'a-t-elle pas été frappée des
tintemens de la Cloche l'oreille de l'Athée ? Je
vois la plume échapper à sa main sacrilége,

ét j'entends sa conscience, où Dieu tonne,
compter avec effroi les glas lugubres de la
mort. N'ont-elles pas aussi leur puissance,
et la Cloche des moissons qui ébranle les
chars de l'abondance ; et la Cloche du vais-
seau suspendu aux abîmes de la Mer ; et le
joyeux carrillon, la seule musique du pauvre ;
et les nobles volées qui célèbrent nos Fêtes ;
et la Cloche des incendies, qui réveille toutes
les craintes, tous les intérêts, toutes les af-
fections, et de tous les habitans de la Cité
ne fait qu'un peuple de frères ; et la Cloche
de la montagne, qui appelle le voyageur
égaré dans l'horreur des ténèbres et le morne
silence des précipices ; et la Cloche du châ-
teau, si connue du misérable ; et la Cloche
du Monastère qui avertit du banquet de la
charité le Pélerin reconnaissant ; et la Cloche
natale, qu'il y a de charmes dans son pieux
murmure ! chaque vibration de l'airain re-
nouvelle les délicieux souvenirs de l'enfance ;
c'est le même instrument qui frémit sur son
berceau, qui publia dans les lieux d'alentour
que la milice Chrétienne avait un combattant
de plus : amour filial, tendresse maternelle,
bonheur du premier âge, éducation, tout se
trouve dans les réminiscences enchantées de
la Cloche natale.

Qui de nous, s'il a un cœur Chrétien, ne
partage encore les saintes joies de nos bons
aïeux, lorsqu'ils solennisaient le jour du Sei-
gneur? Dès l'aurore, la Cloche, en sons éclat-
tans, élevait leurs esprits vers le Dieu infi-
niment bon qui a souffert l'ignominie de la
Croix pour nous obtenir les biens de l'éternité.
Déjà le zèle empressé a chargé les Autels de
fleurs : des sons nouveaux et plus éclatans
conduisent la multitude au Temple, et l'âge
de la première innocence est rangé avec ordre
près du Sanctuaire. Les Cantiques de la Foi
commencent, les instans mystérieux appro-
chent, le Sacrificateur qui est leur père, leur
ami, offre la victime ; tout est prosterné, tout
adore, et chacun retourne à ses foyers mo-
destes, couvert des trésors de la grâce. On
s'asseoit à une table frugale que la Cloche
bénit et sanctifie, en quelque sorte, vers le
milieu du jour ; et on y invite par la Prière
celui qui nourrit les oiseaux du Ciel. Aussi,
mes Frères, une Paroisse était alors la réunion
de ménages paisibles, où la bonne foi accueillait la bonne foi, où régnait la douce gaieté,
fille de la vertu, où l'aisance secourait l'in-
digent, où on servait Dieu en obéissant à
César. O temps fertiles en Saints, n'existerez-
vous plus que dans nos traditions ? Quand
renaîtrez-vous pour la gloire des mœurs ?

Faut-il maintenant, mes Frères, les terri-
bles leçons de notre expérience ? non que
je veuille rouvrir des plaies cicatrisées : qui
plus que la Religion condamne les mémoires
implacables ? Mais il appartient au passé
d'éclairer l'avenir. Avant de voir ce qu'on
n'avait jamais vu et ce qu'on ne verra jamais,
l'instrument nécessaire, substitué dans nos
cérémonies aux instrumens d'Israël, n'était-il
pas déjà en butte à la plus étrange persé-
cution, attaqué dans les livres, dénoncé dans
les cercles, poursuivi même devant les tribunaux ? A en croire ses accusateurs, on l'entendait trop matin, on l'entendait trop tard,
on l'entendait trop souvent ; en un mot, nos
Cloches étaient les perturbatrices de la tranquillité publique. Et pourtant, quel était leur
crime ? D'avoir un langage trop éloquent, de
plaire aux vrais adorateurs, de fatiguer l'indifférence, d'effrayer jusqu'à des philosophes,
d'interrompre les calculs de l'avarice ou le
sommeil de l'oisiveté ; voilà, mes Frères, les
motifs du procès intenté à ces hérauts im-
portuns du Culte qu'on voulait abolir ; mais
voici ce que nous étions devenus avec notre
orgueilleux mépris des choses Saintes et notre
haine aveugle contre les objets de la vénération de nos pères : qui étions-nous, lorsque

lé vandalisme de l'égalité abattait lés tours retentissantes ; lorsque le marteau de l'anarchie brisait tous les signaux du Culte; lorsque, dans toute l'étendue d'un vaste empire, les instrumens du salut avait été changés en instrumens de mort; enfin, lorsque la démence faisait la guerre à nos Cloches, qui étions-nous ? Toutes les foudres du Ciel frappaient à coups redoublés sur une Terre qui ne correspondait plus avec lui.

Cependant, vous l'entendez peut-être encore, de tous nos débris était resté un instrument que les oreilles humaines n'avaient jamais entendu, et que les enfers seuls devraient connaître, instrument funeste qui a sonné le trépas de tant de victimes : interprète de la haine, messager de la calomnie, conseiller de tous les excès, avant-coureur du brigandage et des proscriptions, il avait soif du sang; il glaçait les veines, déchirait les fibres, torturait le cœur. Sa voix était toute en hurlemens de massacre et de destruction. A sa voix, l'épouse tremblante ensévelissait son époux, et la mère son fils, et la sœur son frère: c'est le tocsin des Athées. Le tocsin des Athées était l'écho de la justice de Dieu; la Cloche des Chrétiens sert d'appel à toutes les vertus et prélude aux harmonies du Ciel.

Les barbares, ils avaient entrepris d'élever la barrière de l'oubli entre ce qui avait été et ce qui était ; ils avaient anéanti tous les monumens funèbres : âmes pieuses et sensibles, il n'y avait plus de Fête de la douleur, plus de relation entre la vie et la mort, plus de chant des tombeaux ! O solennité que la bonté Divine a rétablie, et où l'Église compatissante revêt, pour nos amis et pour nos frères, les noires couleurs de la tristesse ! que ne devez-vous pas aux accens plaintifs de nos Cloches ? Hélas ! on ne voyait plus en ce jour l'Église souffrante, l'Église militante, l'Église triomphante réunies, concourir ensemble à la gloire de notre morale. Hélas ! on n'avait plus le droit de dire à nos ennemis : venez admirer les merveilles de notre charité ; par-tout, vous représentez les hommes sous la douce idée de frères : nous l'adoptons comme vous cette attendrissante idée; mais vous en faites un système et nous un ministère; vous déclamez et nous agissons. Ce n'est que dans nos Temples que cette charité si désirable est pratiquée et sensible. Cette humanité dont vous vous vantez d'être les protecteurs, gémit en vain dans vos froids tableaux : ici, elle parle avec empire. Notre humanité à nous est la charité , dont la voix éclate jusque sur le dôme de nos Sanctuaires.

Airain sacré , anime-toi , célébrons ensemble les Miséricordes Divines ; airain sacré , anime-toi , sonne la perpétuité de la Religion , malgré les puissances ennemies ou jalouses ; sonne la paix des consciences et la réconciliation d'un grand peuple avec la vérité ; sonne les invariables destinées de l'Église , que les orages affermissent , et la gloire de l'Église gallicane qui a survécu au naufrage, plus forte que la tempête; sonne l'antique honneur des Lys , la conservation de la plus noble Famille de l'Univers, et le repos d'une Nation qui en a un si grand besoin. Airain sacré , anime-toi; sonne la fécondité de nos pépinières Évangéliques qui croissent au milieu de l'ivraie ; sonne les conquêtes spirituelles qui ne font couler que les larmes du repentir; sonne les mystères consolateurs de la Foi et les sublimes magnificences de la morale, la pompe innocente de nos Fêtes et les précieux enseignemens de la croyance; sonne les prodiges du Saint ministère , tant de liens flottans affermis , tant de ressentimens calmés , tant de scandales prévenus. Airain sacré anime-toi : sonne le triomphe des Lois protectrices des empires, sonne le retour de

la justice trop long-temps exilée, le bonheur
de tous les Chrétiens. Airain sacré anime-toi:
sonne le salut de la France : le salut va
partir de la colline qui germera à ta voix
féconde et propice, tu domineras le nouveau
cénacle d'où sortiront les nouveaux Apôtres
de notre Patrie régénérée : quelle main a
jeté ces heureuses semences ? Qui verse et
dirige les belles eaux qui arrosent déjà la
plus belle portion de l'héritage de Jésus-
Christ ? Grâces soient rendues aux hommes
de Dieu, admirables modèles de savoir, d'éloquence et d'humilité, qui acheveront bientôt
l'œuvre commencée sous les auspices du zèle,
de la vertu et du courage! O bonheur des
Missions! O Jubilés réparateurs! O triomphes
glorieux! Quelle magnificence de politique
et de morale! Chrétiens vétérans dans la
milice de Jésus-Christ, j'en atteste vos propres
témoignages, la tranquillité de vos familles
n'a-t-elle pas été souvent l'ouvrage de ces
héros spirituels, dont l'unique ambition est
de gagner des âmes à Dieu et des cœurs au
Roi? Trompettes d'impiété, vous n'avez que
trop souvent sonné sur nos têtes le désor-
dre, le ravage et la mort! Les trompettes de
la Foi ne sonnent que l'obéissance, la sagesse
et la vie.

Airain sacré, voilà ceux dont tu seras l'organe : ta voix est donc une voix d'allégresse
et de paix : *Vox exultationis et pacis*; tu n'as
donc que de bonnes nouvelles à annoncer
aux Chrétiens : *Vox exultationis et pacis*; elle
était muette la lyre des hébreux captifs aux
rivages de Babylone; tu charmeras les heures
de notre pélérinage aux terres étrangères :
Vox exultationis et pacis; lors de notre passage de la nuit du temps au jour de l'éternité, tu adouciras les rigueurs de la mort,
tu donneras au juste le signal de l'immor-
talité : *Vox exultationis et pacis*; et la dernière
heure que tu sonneras pour lui sera la première de la gloire, seule solide, seule vraie,
seule immuable.

FIN.

MONTPELLIER,

Chez Auguste RICARD, seul Imprimeur de la Préfecture
et de la Mairie, Plan d'Encivade, N.º 209.

www.ingramcontent.com/pod-product-compliance
Lightning Source LLC
LaVergne TN
LVHW051502090426
835512LV00010B/2287